ADIVINA... ¿Quién SOY?

Trabajo con la madera que se obtiene de los árboles.

RETO 1
En el bosque hay 4 animales escondidos, encuéntralos.

Con la madera puedo hacer muchas cosas, como muebles.

RETO 2

Observa bien estos muebles, tápate los ojos y di cuáles recuerdas.

Puedo trabajar en una construcción.

RETO 3
¿Qué cosas están hechas de madera en esta casa?

También puedo solucionar algún problema.

RETO 4

Explica por qué tuvieron que cambiar la pata de la mesa.

Utilizo herramientas para trabajar, como:

RETO 5

Di el nombre de la herramienta que se usa para cortar la madera.

Uso mi creatividad para diseñar.

RETO 6

Señala la silla con el respaldo en forma de X.

¿Adivinaste quién soy?

¡Sí, soy un carpintero!

Une a cada persona con la cama que le corresponde.